LECCIONES
DE LA
HISTORIA

EDGAR MORIN

LECCIONES DE LA HISTORIA

¿PODEMOS APRENDER DE NUESTRO PASADO?

Traducción de Juan Vivanco Gefaell

taurus

ÍNDICE

Introducción
7

PRIMERA LECCIÓN.
El resultado de una acción puede ser contrario a su intención inicial
11

SEGUNDA LECCIÓN.
Ninguna observación es válida sin autoobservación
15

TERCERA LECCIÓN.
Lo improbable puede ocurrir
21

CUARTA LECCIÓN.
Las causas de los acontecimientos históricos siempre son múltiples y están entrelazadas
25

QUINTA LECCIÓN.
Los mitos tienen mucha influencia en la Historia
31

SEXTA LECCIÓN.
El increíble destino de la Revolución rusa
47

SÉPTIMA LECCIÓN.
La nación es una invención reciente
53

OCTAVA LECCIÓN.
La racionalidad de la Historia suele ser una racionalización a posteriori
59

NOVENA LECCIÓN.
A veces los destructores también son grandes civilizadores
65

ÍNDICE

DÉCIMA LECCIÓN.
La importancia de las guerras
69

UNDÉCIMA LECCIÓN.
Un solo individuo puede cambiar el curso de la Historia mundial
73

DUODÉCIMA LECCIÓN.
Los héroes y los santos
83

DECIMOTERCERA LECCIÓN.
De la adhesión entusiasta a la rebelión no hay más que un paso
87

DECIMOCUARTA LECCIÓN.
La realidad histórica del imaginario
93

DECIMOQUINTA LECCIÓN.
El progreso material no va acompañado de ningún progreso moral
101

DECIMOSEXTA LECCIÓN.
Las guerra son una combinación de azares y determinismos
111

Las lecciones de la Historia
119

Reseña biográfica
123

Papel certificado por el Forest Stewardship Council®

MIXTO
Papel | Apoyando la silvicultura responsable
FSC® C117695

Penguin Random House Grupo Editorial

Título original: *Y a-t-il des leçons de l'histoire?*

Primera edición: octubre de 2025

Printed in Spain – Impreso en España

ISBN: 978-84-306-2418-8
Depósito legal: B-12.175-2025

Compuesto en AHF Arte Gráfico
Impreso en Huertas Industrias Gráficas, S. A.
Fuenlabrada (Madrid)

TA 2 4 1 8 8

INTRODUCCIÓN

«Igual que la historia de verdad tiene que ver con todo, el historiador de verdad tiene que ver en todo».

Con estas palabras, en *Los miserables*, Victor Hugo quiere decir que la Historia necesita conocimientos tomados de todas las disciplinas, en especial de las ciencias humanas, de documentos humanos como las memorias y las novelas e incluso de las ciencias naturales, como todo lo concerniente al clima, cuyas variables pueden tener una influencia crucial en los acontecimientos históricos.

En mis estudios pluridisciplinarios, mis años de aprendizaje de la Historia han tenido una importancia capital en mi forma de pensar, y todo lo que he escrito ha pasado por el tamiz de la Historia. Por eso, a lo largo del siglo que acabo de cumplir, la cuestión de las lecciones de la Historia no ha dejado de intrigarme, para acabar madurando en este libro.

PRIMERA LECCIÓN

EL RESULTADO DE UNA ACCIÓN PUEDE SER CONTRARIO A SU INTENCIÓN INICIAL

Mi maestro Georges Lefebvre, profesor de Historia de la Revolución francesa en la Sorbona, fue quien me impartió esta lección durante mi primer curso universitario, en 1940.

Para recuperar un poder que había perdido durante el reinado de Luis XIV, en el que fue avasallada, la aristocracia desató el proceso que desembocó en la convocatoria de los Estados Generales por Luis XVI, a causa de las grandes dificultades económicas por las que pasaba su reino. Hasta entonces, los Estados Generales siempre habían sido favorables a la unión de la nobleza y el clero en perjuicio del tercer estado. Pero desde la apertura de estos Estados Generales, en mayo de 1789, los diputados del tercer estado lograron que el voto se contabilizara por cabeza y no por estamento. Al tener mayor número de representantes, el 17 de junio de 1789 el tercer estado se declaró Asamblea Nacional y la Revolución pudo empezar.

Si la aristocracia perdía así el poder que pretendía recuperar, Luis XVI lo perdió todo por una reforma económica. Gracias a Lefebvre descubrí, sorprendido, que el resultado de una acción puede ser contrario a la intención que la ha causado.

Esta idea se volvió fundamental para mí; más tarde la llamé «ecología de la acción», para indicar que el curso de una acción también depende de sus circunstancias y su entorno, con sus retroalimentaciones recíprocas. Esta lección se verifica tanto en el plano personal como en el político, en el económico y en el militar. La encontramos con frecuencia en la Historia, desde las guerras médicas del siglo V antes de nuestra era, cuando el enorme Imperio persa fue incapaz de someter a la pequeña Atenas —donde pudieron florecer la democracia y la filosofía— hasta el fracaso del plan hitleriano de conquistar la Europa eslava.

SEGUNDA LECCIÓN

NINGUNA OBSERVACIÓN ES VÁLIDA SIN AUTOOBSERVACIÓN

En la universidad también asistía a las clases de Economía de Gaëtan Pirou y leía, multicopiadas, las clases de François Perroux en la facultad de Derecho, las de André Siegfried en Ciencias Políticas y las de Sociología de Maurice Halbwachs en la Sorbona. Recuerdo, en especial, otra asignatura, de Georges Lefebvre, dedicada a las historias de la Revolución francesa escritas en el siglo XIX y a comienzos del XX. El profesor demostraba que los historiadores concebían la Revolución con arreglo a los problemas y las ideas de su tiempo. François Guizot, por ejemplo, se preocupaba sobre todo de la incapacidad de la Revolución para instaurar una monarquía constitucional. Con Jules Michelet, enemigo de la monarquía y partidario de la revolución de 1848, tenemos la primera historia republicana de la Revolución francesa protagonizada por el pueblo. Alphonse Aulard, durante la Tercera República parlamentaria, se centraba en los aspectos parlamentarios de la Revolución. Albert Mathiez, socialista radical y luego comunista, exaltaba la personalidad de Robespierre y el Comité de Salud Pública.

Este principio se ha seguido verificando, de acuerdo con la enseñanza de Georges Lefebvre: después de la desestalinización, el excomunista François Furet rechazó la historia jacobina de la Revolución y puso en duda su necesidad histórica.

Vemos, pues, que es preciso situar a cada historiador en sus propias circunstancias históricas, bajándolo de su pedestal supratemporal. Para mí, esta fue una lección crucial, válida no solo para todos los historiadores, sino también para todos los profesores, filósofos y pensadores. Más tarde prolongué esta idea con la máxima: «Ninguna observación es válida sin autoobservación». El observador debe examinarse y situarse a sí mismo.

Las dos lecciones de Historia que me enseñó Georges Lefebvre fueron inolvidables y siempre las he tenido en cuenta. Son dos lecciones de complejidad. Una muestra que toda acción en un medio incontrolado o con factores aleatorios está sometida a fuerzas que pueden desviarla de su fin; la otra, que todo debe situarse en su contexto e historizarse, incluidos el contextualizador y el historiador.

Este fue el aprendizaje principal de mi curso en la Sorbona, que terminó cuando, amenazado por la Wehrmacht, me trasladé de París a Toulouse.

TERCERA LECCIÓN

LO IMPROBABLE PUEDE OCURRIR

En 1941, en la Universidad de Toulouse, asistí a las clases de un profesor de Historia antigua muy interesante: André Aymard. Su enseñanza me hizo meditar sobre la resistencia de Atenas a las invasiones persas y la posterior toma de la ciudad por Filipo de Macedonia.

De entrada, lo que me intrigó fue el increíble e improbable triunfo de Atenas, pequeña ciudad griega, durante la invasión del gigantesco Imperio persa, con su primera victoria en Maratón en el 490 antes de nuestra era. Diez años después, durante la segunda invasión médica, Atenas volvió a cosechar una victoria en la batalla naval de Salamina, donde destruyó la flota persa.

Lo más probable habría sido que Atenas fuera engullida, como las ciudades griegas de Asia Menor, por el todopoderoso y gigantesco Imperio persa. Si Atenas hubiera perdido la guerra, no se habría instaurado la democracia cincuenta años después, ni habría florecido la filosofía socrática, platónica y aristotélica, es decir, las fuentes de la cultura europea. Inevitablemente, se me hizo evidente que lo improbable, en vez de lo probable, podía ocurrir.

En el 339, Filipo de Macedonia venció a las ciudades griegas aliadas y Atenas quedó bajo el yugo macedonio. Pues bien, a partir de este desastre para la democracia griega, su hijo Alejandro Magno, con sus conquistas, propagó la cultura helenística por gran parte de Asia y Egipto.

La filosofía griega se divulgó y extendió sobre todo en Egipto (Alejandría), Sicilia y Campania. De ahí el doble aspecto de la caída de Atenas: negativo desde el punto de vista democrático, pero positivo por la difusión de la cultura griega.

Este fue mi primer gran descubrimiento de las ambivalencias que a menudo caracterizan los grandes acontecimientos históricos.

CUARTA LECCIÓN

LAS CAUSAS DE LOS ACONTECIMIENTOS HISTÓRICOS SIEMPRE SON MÚLTIPLES Y ESTÁN ENTRELAZADAS

André Aymard nos dio otra clase que me impresionó. Trataba sobre la caída del Imperio romano. Yo pensaba, según la opinión corriente, que las invasiones bárbaras habían causado el hundimiento del Imperio de Occidente. Lo que nos enseñó Aymard fue que, si bien las invasiones desempeñaron un papel destructivo, también intervinieron factores internos: las crisis y golpes de Estado, el agotamiento de la mano de obra servil en la *Pax Romana*, la incapacidad de Roma para desarrollar un capitalismo, la generalización de la servidumbre. No recuerdo muy bien todas las consideraciones económicas de Aymard, pero el resultado fue que Roma cayó por la confluencia de causas internas y externas.

Todavía hoy se enfrentan varias teorías muy diferentes, incluso una teoría climática, pero creo que fue la intrincada conjunción de factores múltiples lo que desembocó en el episodio final, en septiembre del 476: el derrocamiento del último emperador. De entre todas las tesis, la de Montesquieu, quien sostiene que las razones de la grandeza y la decadencia de Roma son las mismas, es decir, que obedecen a la extensión desmesurada del Estado, merece atención por su complejidad.

Este entrelazamiento de causas distintas es una de las realidades históricas más sorprendentes.

A lo largo de mi vida he sido un observador atento de la Historia que iba escribiéndose durante la Segunda Guerra Mundial, la guerra de Argelia, la guerra de Yugoslavia, las guerras estadounidenses en Irak, Libia y Afganistán y, por último, mientras escribo, las guerras de Ucrania y Gaza.

En estos últimos cien años, ¡cuántos episodios inesperados, por no decir imprevisibles! El pacto germano-soviético de 1939 entre dos enemigos aparentemente irreductibles, la resistencia de Moscú y la contraofensiva libertadora de diciembre de 1941, la batalla de Stalingrado en 1942, el informe de Jrushchov, el golpe de los generales en Argel en 1958, la vuelta del general De Gaulle al poder, el terrorismo islamista, etcétera.

Pero el paso del tiempo anestesia el recuerdo de estos acontecimientos inesperados y sorprendentes. Poco a poco se aducen causas que permitan explicarlos, y una causalidad configurada *a posteriori* suele desembocar en la racionalización. Se olvida la irracionalidad de los fanáticos de Al-Qaeda y la destrucción de los dos gigantescos edificios del World Trade Center para reducirlo todo a una guerra de civilizaciones.

QUINTA LECCIÓN

LOS MITOS TIENEN MUCHA INFLUENCIA EN LA HISTORIA

Las religiones nos muestran en qué medida el imaginario y el mito pueden dirigir o controlar la Historia. Al igual que el cristianismo y el islam, que por el número de fieles se han vuelto mayoritarios, las religiones, presentes en todas las sociedades, son actores importantes de la Historia.

El cristianismo, un tercio de la humanidad

Como es sabido, los judeocristianos, discípulos de Jesús, fueron perseguidos y ajusticiados por la Sinagoga. Otros tuvieron que huir a Arabia. Saulo, un opresor de esos judeocristianos, fue iluminado por la aparición de Cristo en el camino de Damasco. Oyó la voz de Jesús que le preguntaba: «Saulo, Saulo, ¿por qué me persigues?».

Saulo, convertido en Pablo, fundó el cristianismo mediante la eliminación de los rituales y tabúes religiosos judíos, exigiendo únicamente el bautismo y una fe sincera en Jesús. Con sus intervenciones en las ciudades del Imperio romano y con sus epístolas, como la admirable Epístola a los Corintios («Si tengo una fe que mueve montañas pero me falta el amor, no soy nada»), convirtió no solo a judíos, sino también a paganos. El número de cristianos fue creciendo poco a poco.

En esa época también florecieron las religiones mistéricas, con un dios salvador que se sacrifica por sus fieles. El cristianismo, al principio, era minoritario entre estas religiones mistéricas y sufrió persecución por renegar de los dioses romanos.

Lentamente, el cristianismo fue progresando en todas las clases sociales, incluidos los esclavos (dado su carácter universalista), hasta la conversión del emperador Constantino en la batalla del puente Milvio (312), donde una aparición crística milagrosa anunció su victoria: «In hoc signo vinces».*

El cristianismo no solo fue reconocido, sino también declarado religión oficial. Lue-

* «Con este signo vencerás».

go se eliminaron todos los dioses de las religiones antiguas. El judaísmo fue la única que se libró de la persecución gracias a los papas de Roma, para quienes los profetas de la Biblia autentificaban la llegada de Cristo.

Las figuras de Jesús y María parecían suavizar un poco al Dios bíblico, pero la Iglesia no tardó en mostrar una intolerancia específicamente monoteísta, persiguiendo y destruyendo todos los demás cultos hasta bien entrado el siglo XIX.

Hoy en día nadie se asombra de que una pequeña herejía del judaísmo se hubiera convertido en la gran religión de Occidente y de una parte de los colonizados y conquistados por él, cuando no existía ninguna necesidad histórica de ello.

Tampoco se asombra nadie del poder de una mitología religiosa que desencadenó las cruzadas, hizo que un emperador se sometiera humildemente a un papa, provocó guerras sangrientas entre religiones salidas de un tronco común, la católica y la protestante, y persiguió durante siglos a los infieles, pues los consideraba poseídos por el demonio.

El islam y su desviación

La creación del islam no es menos asombrosa que la del cristianismo, ni menos imprevista. Fue necesario el exilio de las tribus judeocristianas a Arabia para que Mahoma pudiera basar el islam en la Biblia (con Abraham y Moisés) e incorporar a Jesús como profeta. Aunque deriva del judeocristianismo, el islam se asienta en el Corán y en numerosas revelaciones divinas del arcángel Gabriel al profeta Mahoma (570-632), quien, con unos pocos discípulos, fue expulsado de su ciudad, La Meca, y se refugió en Medina.

Allí se desarrolló una pequeña secta minoritaria se desarrolló, sobre todo con el poder de las armas, conquistó La Meca, después toda Arabia, y se propagó por el mundo.

El islam, a menudo violento en sus orígenes y su historia conquistadora, fue, sin embargo, permisivo con los cristianos y los judíos. Aunque los redujo a la categoría de *dhimmi*, discriminatoria y a la vez protectora, respetó sus cultos. De modo que, paradójicamente, el tolerante Dios cristiano fue intolerante durante mucho tiempo, mientras que el intolerante Dios musulmán fue tolerante durante mucho tiempo. Hoy se ha vuelto muy intolerante en sus formas desviadas, en el Irán de los ayatolás, el Afganistán de los talibanes y un poco en todas partes con el yihadismo fanático y asesino.

El cristianismo, que partió de cero, tiene hoy unos 2.500 millones de fieles (un tercio de la población mundial) y el islam, 1.600 millones (la cuarta parte de la población mundial).

Metamorfosis del judaísmo

Más asombrosas todavía son las metamorfosis del judaísmo, la religión del pueblo judío fundada por un mago egipcio, Moisés. La propia Biblia relata que Moisés, criado en la corte del faraón, se casó con la hija del gran sacerdote de Madián, Jetro, y que sus hijos fueron circuncidados tardíamente, por intervención divina. Una hipótesis plausible es que fuera depositario del secreto religioso de una familia próxima a Ajenatón, el faraón monoteísta que durante su reinado impuso el culto único al dios Sol. Moisés, incapaz de imponer su creencia en Egipto, habría escogido al pequeño pueblo judío para prescribirle la veneración al Dios único: «Escucha, Israel, tu Señor, es UNO».

Según el arqueólogo Israel Finkelstein en *La Biblia desenterrada*,* no hubo éxodo del pueblo judío fuera de Egipto. Dicho pueblo se formó en Canaán, y la Biblia fue una compilación de relatos y leyendas. Esto hace que sea aún más sorprendente la presencia de Moisés el egipcio entre los judíos, convertido en su guía, a veces discutido (es el episodio del culto al becerro de oro mientras Moisés recibe las Tablas de la Ley en el monte Sinaí).

El caso es que el pueblo judío eliminó a los demás dioses y, aun vencido, preservó con obstinación, incluso en secreto, el culto al suyo.

Este dios bíblico, convertido en cristiano y luego en musulmán, será adorado y temido en las tres religiones. Cuando el género

* Israel Finkelstein y Neil Asher Silberman, *La Biblia desenterrada: una nueva visión arqueológica del antiguo Israel y de los orígenes de sus textos antiguos*, trad. J. L. Gil Aristu, Madrid, Siglo XXI, 2018.

humano lo decepciona por su desobediencia o su lujuria, muestra una ira terrible: expulsa a Adán y Eva del jardín del Edén, decide eliminar al género humano corrupto con el Diluvio, perdonando únicamente a Noé, destruye las ciudades depravadas de Sodoma y Gomorra. Y, sin embargo, este dios terrorífico es adorado como un dios bondadoso.

Judea, incorporada al Imperio romano, conservó su religión monoteísta y monopolista. Los judíos sometidos se dividieron en tendencias: fariseos, saduceos, zelotes y esenios. Los fariseos controlaban la sinagoga y representaban la religión mosaica ante los romanos. Jesús acabó crucificado obedeciendo a sus presiones, y fue su intolerancia la que causó la matanza y huida de los judeocristianos a Arabia, episodio que dio origen a la mitología bíblica del islam.

No obstante, esos judíos que perseguían los cultos distintos del suyo sufrieron a su vez la persecución durante siglos, tras el triunfo del cristianismo, señalados como deicidas por haber causado la muerte de Jesús, relegados a guetos y a ejercer oficios humildes como los de zapateros o sastres, convertidos en usureros al estar prohibido por la Iglesia a los cristianos el préstamo con interés. Durante cientos de años soportaron acusaciones grotescas (el sacrificio de niños cristianos para beber su sangre durante la Pascua judía) o desmedidas (una minoría comerciaba con dinero, pero la masa de los judíos era pobre o miserable).

Luego, cuando los pueblos, inspirados en la filosofía de la Ilustración, empezaron a emanciparse, los nacionalismos engendraron un nuevo antijudaísmo continuador del viejo pero basado en la noción de raza: el antisemitismo. Mientras Alemania e Inglaterra se creían descendientes de la noble raza aria y Francia se consideraba gala, los judíos, según los antisemitas, eran una raza parásita, infame y depredadora. Un racismo genuinamente francés, propagado por los escritos de Édouard Drumont y Charles Maurras, culminó en el caso del capitán Dreyfus, declarado traidor por ser judío. El racismo, al que en Francia se opuso con eficacia el universalismo humanista y democrático, se impuso en 1933 en la Alemania nazi, donde se tomó la decisión de eliminar a los judíos de Europa. Primero se pensó en deportarlos masivamente a Madagascar y luego, tras la primera derrota de Hitler en el frente de Moscú (diciembre de 1941-enero de 1942), se resolvió deportarlos a campos de concentración construidos con el fin de exterminarlos (conferencia de Wannsee, 20 de enero de 1942). Las deportaciones a Auschwitz-Birkenau empezaron en la primavera de 1942, y Raul Hilberg, autor de *La destrucción de los judíos europeos*, calcula que el número total de víctimas del Holocausto nazi fue de 5 o 6 millones, dos millones y medio solo en Auschwitz-Birkenau.

Pero ya a principios del siglo XX, el austrohúngaro Theodor Herzl, en vista del antisemitismo desatado por el caso Dreyfus, tras abandonar toda esperanza de integración de los judíos en sus respectivas naciones, había aventurado la idea del sionismo como refugio, o incluso patria, de los judíos rechazados en todas partes. El asentamiento de inmigrantes judíos en la Palestina árabe, sobre todo rusos y ucranianos, empezó antes de la Primera Guerra Mundial, durante la cual lord Arthur Balfour reconoció el derecho de los judíos a tener un hogar nacional.

A pesar de la intención de algunos judíos asentados en Palestina de mantener buenas relaciones con los árabes del país, en tiempos del protectorado inglés sobre Palestina se creó un doble antagonismo: entre judíos y árabes por un lado, y por el otro, el que enfrentaba a judíos y árabes, por separado, contra el ocupante inglés. Los dos bandos cometieron atentados hasta que en mayo de 1948 se extinguió el mandato británico y se proclamó el Estado de Israel dentro de unas fronteras definidas por la ONU.

Los Estados árabes vecinos trataron de eliminar el Estado judío con la guerra de 1948-1949. Israel venció y amplió su territorio. Más de 350.000 palestinos fueron expulsados de sus tierras y, simultáneamente, la situación de los judíos en los países árabes se agravó, lo cual provocó la emigración de más de 600.000 judíos a Israel. Más tarde, tras la guerra de los Seis Días (1967), Israel se hizo con el control de Cisjordania, Jerusalén Este, la península de Sinaí, la franja de Gaza y los altos del Golán. Entonces, 750.000 palestinos fueron expulsados de sus tierras. Hoy, Israel sigue ocupando Cisjordania, Jerusalén Este, el Golán y la franja de Gaza. En 2023, el Alto Comisionado de las Naciones Unidas para los Derechos Humanos comprobó que había 700.000 colonos israelíes que vivían ilegalmente en Cisjordania y Jerusalén Este.

El 7 de octubre de 2023, el ataque terrorista de Hamás causó más de 1.200 muertos entre los israelíes (unos 850 de ellos civiles). La respuesta israelí contra Gaza ha causado la muerte de más de 40.000 palestinos (civiles y miembros de Hamás).

De modo que, con un nuevo vuelco de la Historia, el pueblo que había sufrido más persecuciones, ofensas y matanzas hasta llegar a una campaña de exterminio —que, de no haber perdido la guerra la Alemania nazi, se habría completado—, este pueblo perseguido se ha convertido en una nación dominadora, colonizadora y opresora.

Ante un futuro oscuro e incierto, no se sabe si los judíos de Israel serán cada vez más dominadores y opresores, si una influencia exterior lo bastante fuerte logrará hacer que renuncien a la colonización o si la Historia dará otro vuelco inesperado y volverán a ser víctimas y perseguidos.

El futuro de Israel es muy incierto. Por un lado, su Estado está firmemente apoyado por Estados Unidos y cuenta con el apoyo de los Estados occidentales de Europa y con el respaldo político, moral y económico de un sector importante de la diáspora judía en el mundo. Es el bastión de Occidente, su fortaleza dentro del mundo árabe.

Por otro lado, una posible decadencia de Estados Unidos, una crisis europea, un aumento de la hostilidad del mundo árabe e incluso un conflicto nuclear podrían debilitar y hasta amenazar su influencia. La realidad de un Israel perseguidor no ha hecho desaparecer la posibilidad de un Israel perseguido. Israel no está aislado en la medida en que forma parte de Occidente, pero sí lo está como punta de lanza solitaria en Oriente.

En este caso volvemos a encontrarnos con el problema de la incertidumbre del futuro. ¿Quién habría podido adivinar, un milenio antes de nuestra era, cómo sería el futuro del pueblo judío?

Otra lección que puede extraerse de esta historia es que no basta con haber sido perseguido para no convertirse en perseguidor. Es una verdad general: podemos aplicársela a Serbia, que, perseguida por el Imperio otomano, persiguió a los bosnios; a los nigerianos, que, víctimas de la colonización inglesa, después de su independencia sojuzgaron al pueblo de Biafra; a las colonias españolas de América, que, incluso antes de emanciparse de la metrópoli, se mostraron dominadoras, opresoras y destructoras de los pueblos y las culturas precolombinos.

SEXTA LECCIÓN

EL INCREÍBLE DESTINO DE LA REVOLUCIÓN RUSA

Mi último ejemplo del triunfo de lo inesperado y de la importancia crucial del mito en la Historia es el de la Revolución rusa de octubre de 1917.

Fue una revolución sumamente improbable. El desastre de los ejércitos rusos, el derrocamiento del zar y la formación del gobierno socialdemócrata de Aleksandr Kérenski no habían podido evitar el caos. En 1917, el partido bolchevique era un pequeño grupo minoritario. Los bolcheviques tenían la convicción marxista de que la revolución proletaria solo podría producirse en un sistema capitalista desarrollado y, en el caso de Rusia, solo después de la revolución burguesa.

Pero Lenin, a su vuelta del exilio, consideró que el mundo capitalista estaba en crisis debido a la prolongación de la guerra mundial, y que la misión de los bolcheviques consistía en tomar el poder en el Imperio ruso para romper el eslabón más débil del capitalismo mundial y ayudar al proletariado occidental —alemán, inglés y francés— a hacer su revolución. Por eso, en sus *Tesis de abril* (1917), ante la sorpresa de sus camaradas del Buró Político, sostuvo que los bolcheviques debían conquistar el poder. Le costó convencerlos, pero su elocuencia prevaleció. De modo que la revolución bolchevique no obedeció a ningún determinismo histórico, sino únicamente a la intuición a la vez genial y demente de Vladímir Ilich.

En 1917 y 1918, su derrota frente a los generales rebeldes, que contaban con ayuda occidental, parecía lo más probable. Pero el genio estratégico del jefe militar improvisado de la revolución, León Trotski, la desunión de los enemigos, la exaltación feroz de los revolucionarios y la implantación del terror rojo dieron la victoria a los bolcheviques y propiciaron la fundación de la URSS, que reemplazó al imperio zarista.

El fracaso humano y moral del socialismo como sociedad igualitaria y fraternal fue patente desde los comienzos de la URSS, pero estaba totalmente enmascarado por la ideología. Luego, su éxito económico en la industrialización impulsada por Stalin fue considerable, aunque falló en la agricultura. Lo esencial es que todo el humanismo socialista y comunista quedó falseado por un régimen que se volvió totalitario, policial y desigual. La realidad de la URSS acabó siendo muy distinta de lo que proclamaba su ideología. La dictadura del proletariado fue de hecho una dictadura tentacular del partido, burocrática y productivista.

Parecía que el comunismo soviético, causante de tantas muertes, crueldades y mentiras, dada su formidable fortaleza industrial, militar y nuclear, era invulnerable e iba a durar eternamente.

Segundo triunfo de lo inesperado: en 1991, este régimen se hundió por sí solo después de setenta años y dio paso a un capitalismo peor que el que había eliminado en 1917 y a una religión, de la que el régimen había intentado desembarazarse por todos los medios, que resurgía con más fuerza que nunca; en pocas palabras, el fracaso histórico más total. No obstante, después de un breve entreacto, Rusia volvió a caer en un despotismo heredado tanto del zarismo como del estalinismo.

Una vez más se pone en evidencia la ecología de la acción, según la cual las intenciones desatan procesos que desembocan en lo contrario de lo que se pretendía.

SÉPTIMA LECCIÓN

LA NACIÓN ES UNA INVENCIÓN RECIENTE

Pasemos ahora al nacimiento de las naciones. Hoy en día, la nación es un fenómeno universal y evidente: la Tierra está llena de naciones. Pero la nación apareció tardíamente en la Historia, y concretamente en Europa Occidental, durante la transición de la Edad Media a la Edad Moderna.

La nación española cobró forma con la unión de Castilla y Aragón y la conquista de Andalucía, ocupada durante mucho tiempo por los moros.

La nación francesa se constituyó mediante matrimonios reales y anexiones, en una lenta integración que provincializó las etnias diversas de Bretaña, Lorena, Languedoc, Provenza, etcétera, una integración en gran parte completada y celebrada con la gran Fiesta de la Federación del 14 de julio de 1790.

La nación inglesa se desarrolló en su insularidad con la integración de los sajones y los normandos.

La nación alemana y la italiana se formaron más tarde, en el siglo XIX, con la lucha unificadora, integrando estados hasta entonces separados.

La nación rusa surgió con la resistencia, por el oeste, contra los escandinavos y los teutones, y por el este contra los tártaros, en un lento proceso llevado a cabo por Pedro el Grande y Catalina de Rusia, coronado por el rechazo de la invasión francesa de Napoleón.

Las naciones de Serbia y Yugoslavia, Bulgaria y Turquía después se formaron en el siglo XX a raíz de la desintegración del Imperio otomano. Mientras que las naciones eurooccidentales eran multiétnicas debido a una lenta integración histórica, las euroorientales se plantearon como monoétnicas e incluso monorreligiosas, lo que dio lugar a conflictos que desembocaron en la guerra de Yugoslavia, con la separación de Serbia, Croacia y Bosnia.

Las naciones de Austria, Hungría y Checoslovaquia se crearon después de 1918 merced a la desmembración del Imperio austrohúngaro.

Por último, los pueblos colonizados de África y Asia se emanciparon de sus colonizadores con movimientos nacionalistas que en África formaron una plétora de naciones (dispersión favorecida por los colonizadores) y, en Asia, las naciones de Vietnam, Tailandia y Camboya.

Una parte de los pueblos emancipados tras el hundimiento de la URSS también formaron o volvieron a formar naciones: Georgia, Armenia, Azerbaiyán, Uzbekistán, etcétera.

A diferencia de la Antigüedad, cuando lo que había en el planeta eran sobre todo imperios y ciudades, la gestación del Occidente europeo dio origen a la nación, cuya fórmula se amplificó en tres naciones-imperio que dominan el mundo y controlan o someten pueblos: China, Rusia y Estados Unidos.

Esto es un obstáculo para la constitución de una confederación planetaria que integre las naciones en una Tierra-patria.

Mientras hoy, en plena globalización, las naciones, incluyendo las imperiales, son realidades fuertes y coherentes de las sociedades humanas, ¿quién habría imaginado, antes de su nacimiento en el siglo XV y hasta principios del XX, su expansión universal?

OCTAVA LECCIÓN

LA RACIONALIDAD DE LA HISTORIA SUELE SER UNA RACIONALIZACIÓN A POSTERIORI

La visión de la Historia se debate entre dos verdades contradictorias que pocos historiadores se arriesgan a abordar juntas: la del carácter racional de los procesos históricos, sobre todo económicos, y la de la irracionalidad —*sound and fury*— del protagonismo de los «grandes hombres» que imprimen su huella personal no solo en su tiempo, sino también a largo plazo. Alejandro Magno aniquiló el Imperio persa, conquistó Egipto y una parte de Asia y cambió el mundo antiguo introduciendo en él la civilización helenística. Podemos recordar también a Napoleón, cuya gran carrera empezó con la genial primera campaña en Italia y continuó con las sucesivas derrotas de las monarquías europeas aliadas, para terminar en la campaña de Rusia, cuyo fracaso contribuyó a su caída.

La tendencia racionalizadora se afianzó especialmente en Francia con la escuela de *Annales*, dirigida por Lucien Febvre y Marc

Bloch, y luego por Fernand Braudel. El mérito de esta escuela fue poner de relieve los determinantes económicos, sociales e ideológicos. Por ejemplo, en su *Rabelais,*[*] Lucien Febvre afirma que, en las condiciones de su época, Rabelais no podía ser ateo. Sin embargo, ¿cabe descartar la posibilidad de un ateísmo disimulado en todas las épocas creyentes?

El fallo de *Annales* fue desdeñar el papel de los acontecimientos y de las personalidades fuertes. Yo fui un propagandista de la vuelta del acontecimiento a la Historia, preparando un número en mi revista *Communication* con este título, y conseguí que unos cuantos *annalistes* asumieran mi tesis. En él recordaba que el universo físico está sometido a un sinfín de acontecimientos, como las colisiones de estrellas o la formación de agujeros negros, que la propia historia de la vida también incluye un sinfín de acontecimientos, como la formación de especies y las interacciones entre los ecosistemas, por lo que era absurdo no tener en cuenta los

* Lucien Febvre, *El problema de la incredulidad en el siglo XVI. La religión de Rabelais*, trad. I. Balsinde, Tres Cantos, Akal, 2012.

acontecimientos de la historia humana, no menos innumerables que en el mundo físico y en el mundo vivo.

Asimismo, había dedicado varios estudios a acontecimientos como Mayo del 68 o el rumor de Orleans, procurando no ocultar ni su irracionalidad ni sus causalidades concebibles racionalmente.

Además, durante los años sesenta y setenta asimilé la idea de Adorno y Horkheimer de que la razón podría ser el instrumento de una actividad no solo irracional, sino también demente. Por ejemplo, una organización racional, apoyada en la racionalidad industrial, se puso al servicio de un plan de exterminio de los judíos europeos.

En general, la racionalidad de las ciencias y las técnicas se pone ampliamente al servicio de las guerras.

La racionalidad de la Historia no consiste en que tenga momentos «razonables», consiste en los determinismos socioeconómicos que están presentes en ella. Aun así, estos no son todopoderosos, y la importancia de su papel a veces es difícil de concebir. Por ejemplo, volviendo a la caída del Imperio romano, no resulta nada fácil calibrar la importancia relativa de las carencias económicas frente a la de las crisis político-militares y las invasiones bárbaras.

Pero, sobre todo, no podemos sustraernos a la idea de que las guerras producen la Historia tanto como la Historia produce las guerras.

Si examinamos las guerras, devastaciones y matanzas que han asolado y destruido civilizaciones enteras desde los primeros tiempos históricos, como ha hecho Gaston Bouthoul en su *Tratado de Polemología*,* el ruido y la furia humanos no pueden considerarse fenómenos marginales; bien al contrario, es preciso reconocer esta irracionalidad bárbara que se renueva sin cesar a lo largo de la Historia.

A menudo la supuesta racionalidad de la Historia no era más que una racionalización *a posteriori*.

* Gaston Bouthoul, *Tratado de Polemología*, Madrid, Ministerio de Defensa, 1984.

NOVENA LECCIÓN

A VECES LOS DESTRUCTORES TAMBIÉN SON GRANDES CIVILIZADORES

Los bárbaros romanos arrasaron Cartago y Numancia, masacraron a los corintios, asolaron Grecia. Sin embargo, después de integrar la cultura griega en la cultura romana fueron grandes civilizadores. Roma se convirtió en la civilizadora de la Galia y del Oriente europeo-bizantino tras la caída de Roma.

En el siglo I antes de nuestra era, el poeta latino Horacio, en sus *Epístolas*, escribió: «La Grecia vencida conquistó a su fiero vencedor». Los romanos despreciaban a los griegos, vencidos en los campos de batalla, pero admiraban profundamente su cultura. Una invasión puede desembocar en la simbiosis creadora de una nueva civilización.

Cuando Roma invadió la Galia se creó una entidad galorromana que a su vez fue transformada por la invasión de los francos para acabar constituyendo, a partir de un pequeño reino capeto, una nueva civilización que sería la de Francia.

DÉCIMA LECCIÓN

LA IMPORTANCIA DE LAS GUERRAS

La fabricación de instrumentos de caza, lanzas y flechas favoreció el carácter mortífero de las guerras entre sociedades humanas. *Homo faber* trabajó para *Homo demens*.

Entre los cazadores-recolectores, estas guerras eran limitadas y estaban ritualizadas. Con el sedentarismo agrícola, la cosecha de los campesinos se convirtió en una presa codiciada por los nómadas depredadores. Los campesinos fueron sometidos y a la vez protegidos por quienes los dominaron.

La guerra revela héroes que superan el miedo, pero también cobardes que ceden a él. Muestra la obediencia casi ovejuna de unas tropas mandadas al matadero, y en ocasiones la rebelión de esas mismas tropas contra sus jefes. No hay nada más humano e inhumano al mismo tiempo que la guerra.

La educación militar revela asimismo la parte de robotización que se le impone al ser humano. La disciplina, los gestos mecánicos de las posiciones de «firmes» o «presenten armas» y la marcha marcando el paso tienen por objeto convertir al soldado en un autómata obediente. Lo mismo puede decirse del obrero especializado a cargo de una máquina, condenado a los mismos movimientos automáticos, parodiados con ingenio por René Clair en *Viva la libertad* (1931) y Charles Chaplin en *Tiempos modernos* (1936).

UNDÉCIMA LECCIÓN

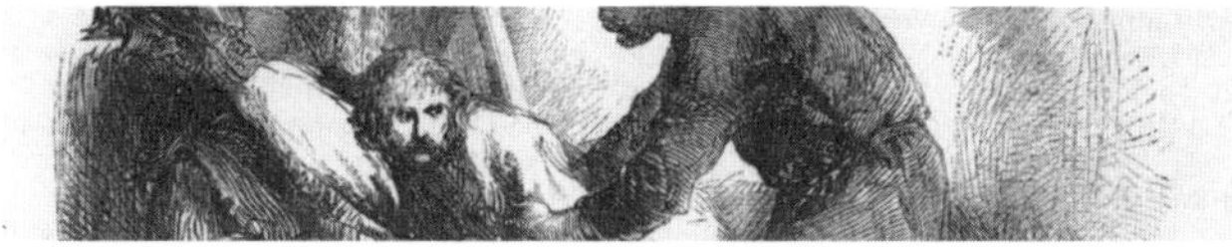

UN SOLO INDIVIDUO PUEDE CAMBIAR EL CURSO DE LA HISTORIA MUNDIAL

La Historia es una combinación de fuerzas anónimas, acontecimientos decisivos e intervenciones no menos determinantes de individuos investidos de autoridad: emperadores, jefes, reyes, generales, ministros o incluso rebeldes y regicidas.

Las épocas de crisis y las guerras propician la aparición de grandes hombres y grandes mujeres, o al menos personalidades cuyas virtualidades (que en otras circunstancias habrían permanecido latentes) se actualizan de forma excepcional.

Estos grandes personajes, que aparecen a causa de los acontecimientos históricos, son capaces de causar a su vez acontecimientos históricos. Modifican la Historia como estrategas, por lo general militares y políticos.

En Francia abundan personajes que han modificado su historia. El más extraordinario es Juana de Arco. Pastora o no, unas voces angelicales le encomendaron la misión de salvar Francia. Esta Doncella se convirtió en caballero y jefe del ejército. Sin Juana de Arco, ¿puede concebirse la consagración en Reims del pequeño rey de Bourges y la liberación de Francia del yugo inglés?

Sin la Revolución francesa, Robespierre habría seguido siendo un abogado de provincias y Saint-Just, un autor de poemas eróticos.

¿Quién habría imaginado en 1789 que un tenientillo del ejército real, incorporado a la República, llegaría a ser el general de las geniales campañas de Italia? ¿Quién, incluso después de esas victorias, habría imaginado que ese general corso llegaría a ser emperador de los franceses y dominaría casi toda Europa durante quince años?

Si a Churchill no lo hubieran nombrado primer ministro para sustituir al débil Chamberlain tras la derrota inglesa en Holanda y Bélgica, el Reino Unido probablemente habría aceptado la paz propuesta por Hitler, dejando que este se hiciera el amo de Europa. La energía que tenía Churchill lo llevó a continuar la guerra en las peores condiciones: solo pudo prometer al pueblo británico sangre, sudor y lágrimas.

¿Acaso la personalidad del general De Gaulle no fue decisiva tres veces en la historia de Francia? La primera, cuando impulsó la Resistencia con el llamamiento del 18 de junio de 1940 y la organizó con la creación del Consejo Nacional de la Resistencia y del Comité Francés de Liberación Nacional de Argel.

La segunda vez, en mayo de 1945, cuando consiguió que los Aliados permitieran la presencia de Francia junto a los tres grandes responsables de la capitulación de Alemania.

La tercera vez, en 1958, cuando, llamado al gobierno bajo la presión del golpe de Argel, decidió negociar la independencia de Argelia contra la voluntad de los generales. Amenazado por un nuevo golpe que, de haber triunfado, habría instaurado en Francia una dictadura similar a la de Franco o la de los coroneles griegos, De Gaulle salvó la democracia. Por último, en lugar de aferrarse al poder, dimitió en 1969 tras perder el referéndum que había propuesto.

Mientras muchos líderes, reyes o dictadores se dejan llevar por la megalomanía y los excesos de la *hubris*, De Gaulle resistió todas las tentaciones de la dictadura.

Megalomanía, la enfermedad del poder

El poder sin control, tal como lo ejercieron algunos reyes y tiranos de la Historia, puede favorecer los impulsos más autoritarios y crueles o, por el contrario, permitir que su poseedor desarrolle todo su potencial. La historia romana abunda en estos dos aspectos, a veces mezclados: Augusto, Nerón, Calígula o Marco Aurelio muestran las diferencias en el ejercicio del poder.

Aunque fueron pocos, hubo líderes dotados de sabiduría y templanza, como Pericles o Marco Aurelio. En cambio, ni Alejandro, ni Napoleón, ni Hitler supieron inhibir su megalomanía, la enfermedad específica del poder. Stalin mandó ejecutar a todos sus compañeros de la Revolución de Octubre y asesinar en México a León Trotski, que durante la Revolución había dirigido victoriosamente al Ejército Rojo.

El poder absoluto hace volver criminales y locas a algunas personas, como les ocurrió a Nerón y Calígula, lo cual queda bien ilustrado en la obra de teatro de Pedro Calderón de la Barca *La vida es sueño* (1635), que evoca el irresistible poder capaz de convertir a un prisionero en un tirano.

La tendencia al endiosamiento de los reyes o jefes es uno de los aspectos de la megalomanía del poder. Hubo faraones y emperadores romanos que fueron divinizados. También hubo muchos monarcas «por la gracia de Dios», como Luis XIV, el emperador de Austria o el zar de Rusia.

Mussolini, Stalin, Hitler y Mao organizaron su propio culto y fueron casi divinizados. De modo que el Jefe Poderoso unas veces puede ser un creador o un transformador, pero otras veces, un mitómano y un megalómano. En ocasiones coexisten o se suceden ambas cosas en un mismo personaje.

El Jefe Poderoso posee todas las virtualidades antropológicas, múltiples y contradictorias, de la racionalidad y el delirio, la lucidez y la locura, el egocentrismo exacerbado y el altruismo más generoso, la crueldad y la magnanimidad, y las pone de manifiesto con su comportamiento y sus actos.

Mención especial merecen los que liberaron su país de una opresión de la cual ellos mismos eran los ejecutores o herederos. Tal fue el caso de Gorbachov, secretario general del partido comunista, quien, pese a las últimas represiones en los países bálticos, fue el artífice del final de setenta años de dictadura. Por su parte, Juan Carlos, nombrado rey de España por Franco y destinado a continuar su dictadura, instauró una democracia que aún dura.

Anatomía del poder

Una de las lecciones de la Historia es dar a conocer en qué medida el poder revela la naturaleza humana y permite que se expresen las peores y las mejores virtualidades. El poder propicia la venganza y las matanzas arbitrarias, pero también la magnanimidad y el perdón.

El poder forma y transforma personalidades, y estas personalidades forman y transforman el poder: Robespierre al instaurar el Terror y Bonaparte al convertirse en el emperador Napoleón.

El poder es débil en manos de personalidades débiles, creador en manos de personalidades fuertes.

Incita a conquistas y guerras. A veces genera una voluntad de dominio implacable, como la de Gengis Kan, que asoló Asia y destruyó Babilonia.

Pero si las grandes personalidades que surgen de crisis y guerras, y luego ellas mismas provocan crisis y guerras, se dejan arrastrar por la *hubris*, su destino es el desastre y la muerte.

A esto se suma el hecho de que el poder es un nido de intrigas y conspiraciones que dan lugar a asesinatos o golpes de Estado para derrocar al soberano. La sed de poder es una aspiración obsesiva que puede llevar al crimen y a la locura.

El poder ofusca si quien lo ejerce ignora las situaciones críticas que sus cortesanos no se atreven a señalarle. También es el lugar de las grandes decisiones, geniales o estúpidas, que propician la gloria y la caída del soberano, el triunfo o el desastre de una nación. Tal fue el caso de Napoleón III, quien, despechado por una treta de Bismarck (el Telegrama de Ems, 1870), declaró la guerra a Prusia, lo que acarreó su propia caída y una derrota desastrosa de Francia.

De modo que los grandes hombres aportan a la Historia no solo medidas transformadoras, creadoras o destructoras, sino también lo inesperado, que desvía el curso de los acontecimientos y de la propia Historia.

DUODÉCIMA LECCIÓN

LOS HÉROES Y LOS SANTOS

Es también en la Historia donde se revelan las cualidades excepcionales de los héroes y los santos.

Los héroes son combatientes con una valentía fuera de lo común, como Leónidas en las Termópilas, como el joven Bara y muchos soldados rasos de 1914-1918 que aceptaron las misiones más peligrosas, sacrificándose para salvar a sus compañeros, como los miembros de la Resistencia que arriesgaban diariamente su vida contra los nazis.

Los héroes se revelan en medio de guerras y revoluciones, los santos se revelan en la acción compasiva con los pobres y los que sufren.

Los santos que me interesan no son los que su religión reconoce como tales por su enorme piedad o el martirio sufrido a causa de su fe, sino esos hombres o mujeres, con o sin hábito, que dedicaron su vida a los demás y en particular a los pobres.

Conocí a una santa, la señora Barré, madre de mi amigo Henri Luce, mujer entregada por completo a los suyos, de una bondad y una generosidad extremas, reconocidas por todos los que trataron con ella.

Hay santos en cualquier nación y en cualquier cultura. Gandhi fue un santo que dedicó su vida a remediar las desdichas de su pueblo. Los santos dan testimonio de las mejores virtudes humanas —bondad, generosidad, amor al prójimo—, que los egoísmos suelen menoscabar o inhibir. Los santos son testigos de lo más valioso de la humanidad en el caos y las tinieblas de la Historia.

DECIMOTERCERA LECCIÓN

DE LA ADHESIÓN ENTUSIASTA A LA REBELIÓN NO HAY MÁS QUE UN PASO

Los seres humanos corrientes están a merced de los vaivenes, las turbulencias y los avatares de la Historia. Pero pueden levantarse, transformarse dentro del ser colectivo que es una muchedumbre, presa del pánico, rebelados o furibundos, y convertirse en dementes dentro de una demencia.

Las condiciones históricas de crisis o de guerra favorecen asombrosos cambios de mentalidad. En 1914, las masas socialistas de Francia y Alemania, pacifistas e internacionalistas, se sumaron repentinamente a la Unión Sagrada belicosa de sus respectivas naciones. El patriotismo y el nacionalismo se tragaron el pacifismo y el internacionalismo. Hicieron falta cuatro años de matanzas y varios millones de muertos para que apareciera el horror de la guerra y la convicción de que la Primera Guerra Mundial sería la última de todas las guerras, la *der des ders* («última de las últimas»).

Cuando la población francesa parecía haberse acostumbrado a la democracia parlamentaria de la posguerra, la gigantesca crisis económica de 1929 provocó una crisis política que dio pie al rechazo violento de la democracia protagonizado por la derecha nacionalista (disturbios del 6 de febrero de 1934) y luego, por un lado, al fascismo en su forma mussoliniana o nazi y, por otro, al comunismo estaliniano, recibidos como alternativas salvadoras por amplios sectores de la población.

Una mayoría de izquierdas constituida por la unión de dos antiguos enemigos, el socialismo y el comunismo, pudo ganar las elecciones de 1936 y formar un gobierno de Frente Popular, pero los acuerdos de Múnich con la Alemania nazi la hicieron tambalearse. Después, el Partido Comunista Francés fue ilegalizado por su aprobación del pacto germano-soviético. Por último, la asamblea salida del Frente Popular dio plenos poderes al mariscal Pétain, que abolió la República.

«La donna è mobile», canta el duque de Mantua en la ópera *Rigoletto* de Giuseppe Verdi (1851). «Ma anche l'uomo è mobile».

Recordemos que la mayoría que votaba a los socialistas en Italia después de la Primera Guerra Mundial se desintegró con la llegada del fascismo, y que gran parte de las masas socialistas y comunistas alemanas se convirtieron al nazismo.

Mussolini y Hitler fueron idolatrados durante su dominio, luego a Mussolini lo mataron y su cadáver fue ignominiosamente colgado de unos ganchos de carnicero. Hitler se suicidó en su búnker, bajo el grandioso palacio presidencial que había mandado construir.

La historia de las naciones muestra que los pueblos, según las condiciones, pueden pasar de la adhesión entusiasta a la rebelión y de la rebelión a la adhesión entusiasta.

DECIMOCUARTA LECCIÓN

LA REALIDAD HISTÓRICA DEL IMAGINARIO

El imaginario forma parte de la realidad humana, no solo en los sueños y ensoñaciones y en las artes; también alimenta los mitos y las religiones, que, como hemos visto, desempeñan un inmenso papel histórico.

Todas las sociedades humanas han creado mitos o practicado religiones. Ante todo cabe preguntarse sobre la realidad de los dioses: para sus fieles no solo son reales, sino infinitamente superiores. Exigen ser obedecidos y adorados, y que se mate o muera por ellos. Estas criaturas gigantescas, empezando por el Dios único de los monoteísmos, creador y soberano del universo y por lo tanto de la vida y la humanidad, son productos de la mente humana. Estos productos de la mente humana se adueñan de la mente humana, obligada a obedecerlos bajo pena de muerte, suplicio o condenación. Estamos ante una insólita paradoja que nunca dejará de asombrar: que el

Creador sea una criatura nacida de la mente humana.

El Dios único del monoteísmo es exclusivo y excluyente por naturaleza. Por medio de sus intérpretes desencadena guerras santas y de religión, como las del islam conquistador, las de las cruzadas e incluso las guerras entre dos ramas de un tronco religioso común: protestantes y católicos, suníes y chiíes.

Estos dioses celosos eliminan a los impíos, a los apóstatas, a sus intérpretes no ortodoxos, tachados de herejes. La Inquisición tortura a los judíos conversos sospechosos de judaizar en secreto y los castiga a la hoguera.

Los politeísmos reconocen dioses múltiples. Cada uno representa una fuerza de la naturaleza o una pasión humana, como Venus con el amor. Los dioses y las diosas intervienen en los asuntos humanos y en sus conflictos, tomando partido en las luchas.

Las ideas, como los dioses, son productos de la mente humana que toman posesión de las mentes.

Se articulan y articulan la realidad en forma de teorías que, incluso en las ciencias, pueden volverse dogmáticas, exclusivas y autoritarias; también en forma de ideologías, conjuntos de nociones que obedecen a una idea central.

Desempeñan un papel tan importante que, según algunos historiadores, son ellas las que guían la Historia, como hicieron la ideología racial de Hitler o la ideología de la romanidad del fascismo de Mussolini.

Las ideologías son opresoras, pero las ideas pueden ser emancipadoras, por ejemplo, lo es la trinidad republicana francesa de Libertad, Igualdad y Fraternidad. Pero las palabras a veces pierden su sentido vivo y su fuerza emancipadora acaba apagándose; entonces las palabras se convierten en simples pantallas. A menudo las ideas que deberían traducir estas realidades sirven para ocultarlas.

El imaginario interviene sin cesar en la Historia. Es activo, mortífero en las religiones que conquistan o se enfrentan, al igual que en las mitologías nacionalistas. No olvidemos que la noción de patria es de sustancia paterno-maternal y que la defensa o la gloria de la patria son poderosos actores históricos.

Las cruzadas tuvieron dos móviles: el mito y la codicia. Al enemigo se lo veía como un animal o un monstruo.

Las ideas pueden ser tan potentes como los dioses. La idea de revolución y la de comunismo, unidas a lo largo del siglo XX, ganaron millones de adeptos, fieles, servidores y fanáticos. Lograron resistir todos los desmentidos de la realidad durante décadas. Lenin decía: «Los hechos son tozudos»,* sin tener en cuenta que las ideas lo son aún más.

Las ideas pueden guiar las transformaciones históricas e incluso dar ánimos para emprender acciones históricas importantes, a veces decisivas. Como la idea de progreso, que parece haber guiado el curso de la historia occidental durante los siglos XIX y XX.

La historia de las ideas ha influido a veces en la Historia y ha interactuado a menudo con la Historia. La Revolución francesa no se puede separar de la Ilustración que la pre-

* Vladímir Lenin, «Carta a los camaradas», 1917.

cedió. Los grandes escritores, como Honoré de Balzac o Victor Hugo, arrojaron luz sobre la Historia contemporánea de su nación. Un autor como Solzhenitsyn tuvo un papel libertador en la URSS.

DECIMOQUINTA LECCIÓN

EL PROGRESO MATERIAL NO VA ACOMPAÑADO DE NINGÚN PROGRESO MORAL

La idea de que el progreso es la Ley suprema de la Historia se impuso a lo largo del siglo XIX. Condorcet la formuló claramente, Occidente la adoptó como una verdad de la Historia y luego la propagó por el mundo.

Si tenemos en cuenta el desarrollo humano, desde la fabricación prehistórica de los primeros utensilios ha habido un progreso de las técnicas, con algunas discontinuidades, pero indudable, que se ha acelerado y ampliado desde el siglo XIX hasta nuestros días, sobre todo con la inteligencia artificial.

A pesar de ello, la paradoja es que el progreso material no solo no va acompañado de ningún progreso moral, sino que el sinfín de conocimientos nuevos que van apareciendo permanecen separados y compartimentados, sin confluir en un pensamiento capaz de afrontar los problemas humanos fundamentales.

En las matanzas y guerras que se suceden hoy con la mayor crueldad, muchas técnicas se ponen al servicio de la opresión, o incluso de genocidios. Es el progreso científico y técnico que ha permitido Auschwitz, Hiroshima o Gaza.

Los pensamientos unilaterales, sectarios y fanáticos vuelven a ser hegemónicos.

Y sobre todo se puede comprobar que en 2024 la humanidad se ve arrastrada hacia una gran regresión por el conjunto de las crisis ecológicas, políticas y económicas; cabe preguntarse si las guerras que se agravan no nos llevarán a una tercera guerra mundial, o al menos a desastres uno de cuyos autores es el progreso.

La Historia, a partir de pequeñas sociedades arcaicas de cazadores-recolectores, progresó creando sociedades cada vez más complejas. A lo largo de los siglos las potencias científicas, técnicas y económicas han deparado cada vez más bienestar y holgura a la parte privilegiada de su población. Pero el hecho extraordinario es que dos guerras mundiales, las grandes matanzas, los fanatismos delirantes o Hiroshima solo socavaron provisionalmente esta creencia en el progreso, que volvió a imponerse durante los Treinta Gloriosos. Esta nueva era de desarrollo de la sociedad de consumo y de bienestar, reservada a una parte creciente pero parcial de la población, produjo una mejoría frágil. Se ha producido una especie de industrialización de la vida en los programas, la cronometrización, la reducción a economía de todo lo que es humano, y se ha olvidado la afectividad, la felicidad, la desdicha, la alegría, la tristeza, es decir, las realidades humanas esenciales.

Los indiscutibles avances técnicos van acompañados de deficiencias y carencias morales.

Por último, siempre existe una ambivalencia por la que cualquier progreso en un sector constituye un retroceso en otro, y a veces las virtudes nuevas no acaban de compensar las virtudes perdidas.

¿Y el progreso moral?

La creencia en el progreso se debilitó al cundir la conciencia de que el progreso científico-técnico-económico tendía a la degradación ecológica del planeta, pero también a la degradación de las sociedades y civilizaciones humanas. Mientras el sida y el covid revelaban la incapacidad de la ciencia para eliminar los virus, la crisis de la democracia y las crisis de civilización eran cada vez más patentes.

No obstante, es indudable que sigue habiendo continuos avances científicos y técnicos, como las manipulaciones del ADN y de células madre en biología, o los desarrollos exponenciales de las ciencias digitales.

Mientras el planeta está a merced de procesos regresivos que parecen implacables, con la hegemonía del beneficio económico, las degradaciones ecológicas, las guerras y las crisis que confluyen en una «policrisis», hay una élite tecnocrática californiana que ha resucitado y luego globalizado una creencia en el progreso basada en el éxito de las ciencias. Esta ideología promete la inmortalidad, una sociedad perfecta regulada por la inteligencia artificial y la continuación de la aventura humana en planetas colonizados, empezando por la Luna y Marte: el transhumanismo se convierte en posthumanismo.

Pero entonces parece que solo una minoría privilegiada podría beneficiarse del transhumanismo (aunque la inmortalidad humana sea un mito irrealizable en un sistema solar y un universo que son de por sí mortales), dejando que el resto de la humanidad vegete, o eliminándola.

Puede decirse, en general, que el progreso lleva en sí mismo una mancha oscura o un agujero negro: no solo es la falta de progreso moral en el progreso histórico científico-técnico-económico, sino también los enormes retrocesos morales en las crisis y las guerras, incluidas las actuales. El verdadero progreso que necesitaría la humanidad sería el de la comprensión humana, la bondad, la solidaridad y la amistad, pero en estos ámbitos solo ha habido progresos parciales y provisionales en medio de una regresión generalizada.

Incluso la inteligencia y el pensamiento, como hemos visto, están en crisis debido a la separación arbitraria de los conocimientos disciplinarios, cuya asociación permitiría abordar los problemas fundamentales y globales con un pensamiento complejo.

Las ambivalencias del progreso

En suma, si observamos la Historia, todo progreso trae consigo sus ambivalencias y contradicciones.

Por ejemplo, el progreso que supuso la agricultura, que reemplazó a los cazadores-recolectores seminómadas por campesinos, fue muy útil en las regiones donde no abundaba la caza y abrió la posibilidad de acumular reservas, sobre todo de arroz, cereales y lentejas. Sin embargo, la agricultura estaba sujeta a los imprevistos climáticos (periodos de sequía, por ejemplo) y los campesinos tuvieron una vida más azarosa que los cazadores-recolectores; las comunidades agrícolas quedaron a merced de los nómadas saqueadores, como muestra Akira Kurosawa en su película *Los siete samuráis* (1954), y acabaron sometidas a unos poderes urbanos que se desarrollaron nutriéndose de los productos de la agricultura.

La ciudad fue un enorme progreso que permitió el desarrollo de muchos oficios y técnicas, de comercios y posteriormente de industrias, del agua corriente y, en suma, de la comodidad.

Fue una fuente de riquezas y a la vez de miseria, poder y esclavitud. A principios del siglo XX se podían cantar las alabanzas de París como la «ciudad de la luz», pero también deplorarla como la «ciudad tentacular».

El progreso conlleva ambigüedades y regresiones: el progreso de la civilización occidental entraña un retroceso de las solidaridades y las comunidades y un aumento de los egoísmos.

DECIMOSEXTA LECCIÓN

LAS GUERRAS SON UNA COMBINACIÓN DE AZARES Y DETERMINISMOS

La Primera Guerra Mundial fue el resultado de una reacción en cadena a partir del asesinato del archiduque heredero de Austria cometido por un fanático serbio en Sarajevo, capital de una Bosnia-Herzegovina eslavo-islámica anexionada por Austria en 1905. El suceso dio lugar a que Austria presentara un ultimátum a Serbia que provocó la movilización rusa y desató el conflicto europeo, seguido de las revoluciones rusas en 1917 y la intervención estadounidense en el mismo año. Tras el fin de las hostilidades en noviembre de 1918, el saldo fue de unos veinte millones de muertos en total.

Aunque en 1914 las potencias europeas estaban en pie de guerra (Alemania tenía apetencias de conquista en el norte y Francia buscaba la revancha por Alsacia-Lorena), nadie imaginaba que estallaría una guerra larga y generalizada. Sus batallas tuvieron resultados aleatorios. Por ejemplo, la batalla del

Marne, en 1914, impidió la invasión de Francia gracias a la estrategia del general Joffre y a la intervención de los taxis parisinos que transportaron tropas desde la capital hasta el campo de batalla. La resistencia de Verdún resultó salvadora para Francia, pero el fracaso de la ofensiva del general Nivelle en 1917 fue un desastre. Más tarde, la intervención estadounidense y el uso de los primeros carros de combate por parte del ejército francés propiciaron la victoria aliada.

Sin embargo, el Tratado de Versalles, destinado a asegurar una paz duradera, fue una de las causas de la Segunda Guerra Mundial, pues privó a Alemania de territorios y recursos económicos.

La crisis económica mundial de 1929, iniciada en Wall Street, totalmente inesperada, provocó un desempleo generalizado en Alemania, primera potencia industrial de Europa. En estas condiciones, el pequeño partido nacionalista y racista de Hitler logró alcanzar una relevancia parlamentaria que permitió el nombramiento de Hitler como canciller del Reich por parte del presidente Hindenburg en 1933.

La Primera Guerra Mundial dio a luz a los partidos únicos totalitarios que monopolizaban todos los poderes, especialmente en la URSS, donde el partido bolchevique, después de eliminar a los anarquistas y los socialistas revolucionarios, se convirtió de hecho y de derecho en el dirigente absoluto de la URSS.

Hitler impuso la dictadura de su partido excluyendo a todos los demás partidos de la vida política.

Entre los años 1933 y 1939, el nazismo y el comunismo estalinista se enfrentaron de una forma que parecía irremediable. Pero el Pacto de Múnich (1938), mediante el cual Francia y el Reino Unido dejaron vía libre a Alemania para ocupar los montes Sudetes de Checoslovaquia y luego toda Checoslovaquia, seguido del fracaso de las negociaciones entre la URSS y Francia y el Reino Unido (con la negativa de estos dos países a que el ejército soviético pudiera entrar en Polonia si Alemania la invadía), todo esto dio pie a un acontecimiento tan sorprendente como el pacto germano-soviético de 1939. Este pacto reservaba a la URSS una parte de Polonia e incluía cláusulas de ayuda económica a Alemania. Entre otras cosas, Stalin entregó a Hitler a los comunistas alemanes que se habían refugiado en la URSS, los cuales fueron a parar directamente a campos de concentración.

También hubo otro episodio sorprendente que se relata en las memorias del embajador de Japón en Moscú. Durante la firma del pacto germano-soviético entre Mólotov y Ribbentrop, Stalin se acercó sigilosamente al embajador alemán (que estaba al lado del japonés) para susurrarle: «Y dígale a su Führer que apruebo su política con los judíos».

Todo parece indicar que el desconfiado Stalin confiaba en Hitler. Hizo caso omiso de las advertencias de su espía Richard Sorge en Japón, pero también de las de Churchill, sobre la inminencia de una invasión alemana, y no tomó ninguna medida preventiva.

Peor aún: en 1937 había decapitado a lo mejor del Ejército Rojo al ordenar la ejecución del mariscal Tujachevski y otros generales. Parecía que la URSS estaba condenada cuando la invasión alemana, que había hecho millones de prisioneros y avanzaba sobre Moscú después de ocupar Ucrania, estuvo a punto de apoderarse de la capital. Pero los barros del otoño y el hielo posterior paralizaron al ejército invasor a sus puertas.

Entonces Stalin puso a su general más capaz, Zhúkov, al mando del frente de Moscú. Avisado por su espía Sorge de que Japón no invadiría Siberia, trasladó en secreto el ejército de Extremo Oriente al frente de Moscú, y el 5 de diciembre Zhúkov pudo desencadenar su contraofensiva; el 7 de diciembre Japón atacaba Pearl Harbor, provocando la entrada de Estados Unidos en la guerra.

En dos días, lo probable, la toma de Moscú y la victoria nazi, se volvió improbable, y lo improbable se volvió probable: a partir de entonces la URSS dispuso de apoyo material y militar de Estados Unidos.

Estratégicamente improbable fue la batalla de Stalingrado. La ofensiva alemana tenía como objetivo el Cáucaso y su petróleo, y Stalingrado no quedaba en el camino, sino apartado. Hitler decidió ordenar a una parte del ejército, dirigida por Paulus, apoderarse de la ciudad para asestar un golpe fatal a la imagen de Stalin. Se entabló una batalla feroz, calle a calle, fábrica a fábrica, casa a casa, piso a piso. Las fuerzas alemanas se apoderaron poco a poco de la ciudad, a excepción de la orilla del Volga, donde, por la noche, Jrushchov hacía cruzar las tropas.

El destino de Stalingrado se decidió en dos frentes que permitieron a dos ejércitos rusos cerrar un círculo y asfixiar a las tropas de Paulus. El enfrentamiento duró de julio de 1942 a febrero de 1943.

En esta batalla sangrienta y decisiva, lo que estuvo en juego no era territorial, sino simbólico, ideológico y político.

LAS LECCIONES
DE LA HISTORIA

La Historia es portadora, en forma humana, de las grandes fuerzas cósmicas de unión y desunión, concordia y discordia. Sus lecciones son fundamentales.

Nos revela una complejidad permanente en sus avances, retrocesos, retroacciones múltiples y las apariciones ininterrumpidas de lo inesperado y lo improbable.

Combina continua y a veces indisolublemente la civilización y la barbarie. Por lo general, en las conquistas y colonizaciones es esclavitud, vasallaje y opresión, pocas veces emancipación y libertad.

Es un continuo avance-retroceso, una continua transformación de desviaciones en tendencias y de tendencias en desviaciones.

Son evoluciones, involuciones, revoluciones.

Revela las increíbles hazañas de Alejandro y la caída de grandes imperios que parecían eternos y han desaparecido para siempre.

El papel del imaginario, el mito y la religión en ella es enorme y permanente.

Incierta por naturaleza, las únicas certezas que proporciona son retrospectivas, con los hechos consumados.

Es orden y desorden, determinismo y azar. Es creadora y destructora.

Es reveladora del genio y la estupidez.

Nos desvela todas las facetas de la naturaleza humana. De las más sublimes a las más bárbaras.

La principal lección de la Historia es que arroja luz sobre las distintas caras de la humanidad, sobre los diferentes comportamientos humanos, pero también sobre la estrecha combinación antropológica de razón y locura, de técnica y mito.

RESEÑA BIOGRÁFICA

Edgar Morin, cuyo verdadero apellido es Nahoum, nació en París en 1921. Le gusta hablar de su identidad plural y definirse como «francés de origen judío sefardí, en parte italiano y español, ampliamente mediterráneo y culturalmente europeo».* Sus padres, sefardíes oriundos de Salónica, le hablaban en francés, aunque entre ellos lo hacían en un castellano antiguo cuyas sonoridades impresionaban al joven Edgar. Hijo del barrio de Ménilmontant, se crio en ese París popular. Su padre llevaba un pequeño comercio en la calle Aboukir.

Huérfano de madre a los diez años, encontró refugio fuera de su familia y se apasionó por el cine, la lectura y el teatro. Así, fue en la escuela donde forjó su educación y aprendió «sus verdades».** Aunque se licen-

* Edgar Morin, *Leçons d'un siècle de vie*, Denoël, 2021, p. 9.

** Edgar Morin, *op. cit.*, p. 20.

ció en Derecho y en Geografía e historia, Edgar Morin se considera ante todo autodidacta.

Resueltamente antifascista a partir de 1936, se unió a la Solidaridad Internacional Antifascista y al Partido Frentista; más tarde se afilió al Partido Comunista. En 1942 se incorporó a la Resistencia. Durante la ocupación alemana, Edgar Nahoum, en la clandestinidad, adoptó el seudónimo de Morin. Se unió al Movimiento de Resistencia para Prisioneros de Guerra y Deportados, vinculado al comité central comunista. Al año siguiente fue nombrado comandante de las Fuerzas Francesas Combatientes. Al llegar la liberación, desfiló por los Campos Elíseos detrás del general De Gaulle enarbolando una bandera tricolor junto a sus camaradas locos de alegría. Poco después, su amigo Dionys Mascolo logró la repatriación del escritor Robert Antelme, preso en Dachau (Marguerite Duras relata este episodio en *El dolor*). Antelme escribió un libro inolvidable sobre su deportación, *La especie humana*.

A principios de 1945, Edgar Morin se incorporó al Estado Mayor del primer ejército en Alemania. Más tarde, en calidad de miembro de la oficina de propaganda del gobierno militar francés, viajó por la Alemania ocupada. Fruto de esta experiencia es su primer libro, *Año cero de Alemania* (1946).

Terminada la guerra, la adhesión del joven escritor a la causa comunista empezó a flaquear, hasta su alejamiento definitivo en 1949. En la misma época dio inicio su carrera de investigador: en 1950 ingresó en el Centre national de la recherche scientifique (CNRS) y en el Centre d'études sociologiques dirigido por Georges Friedmann. Cercano a Claude Lefort, Roland Barthes y Maurice Merleay-Ponty, Morin fundó varias revistas, como *Arguments* (con Barthes), *Revue française de sociologie* y *Communications*. Estas publicaciones lo sitúan entre los primeros pensadores franceses que se ocuparon de fenómenos culturales de la modernidad como la televisión, la canción popular o las estrellas de cine. Colaboró en la *Revue internationale de filmologie* y en 1956 publicó *El cine o el hombre imaginario*. De 1973 a 1989 fue director del Centre d'études des communications de masse, que pasaría a llamarse Centre d'études transdisciplinaires.

Al mismo tiempo, a raíz de un viaje a California en 1969, se abrió a nuevos campos de conocimiento, como las neurociencias y la cibernética. La influencia de Heinz von Foerster, uno de los fundadores de la cibernética, sería decisiva para su propósito de reformar el pensamiento, tal como lo plantea en *El método*. Gracias al informe Meadows descubrió la ecología, tema que le preocuparía el resto de su vida.

Poco a poco, su enfoque intelectual, que siempre había sido universalista y transdisciplinario, cristalizó en torno a una vasta obra, *El método*, dividida en seis volúmenes y publicada por la editorial Seuil entre 1973 y 2004. Fueron treinta años de reflexión dedicada, con una visión universalista digna de los enciclopedistas, al mundo físico y la biología, al conocimiento y la epistemología, a la ética y lo vivo. Se expresa en estas páginas el pensamiento complejo de la «religancia» (*reliance*), que describe la interdependencia de todas las disciplinas de la mente y la de los humanos con su hábitat.

Al mismo tiempo, Edgar Morin reflexiona sobre una «comunidad de destino entre todos los humanos»[*] en *Tierra-Patria* (con Anne-Brigitte Kern) y luego en *El año I de la era ecológica: la Tierra depende del hombre que depende de la Tierra* (2008).

El filósofo, en sus libros publicados por la editorial Denoël desde 2020, ofrece una faceta más íntima, compartiendo con sus lectores su experiencia del COVID en *Cambiemos de vía. Lecciones de la pandemia* (2020); después traza un panorama más amplio de su trayectoria en *Lecciones de un siglo de vida* (2021). Más tarde desarrolla su visión de la Francia actual y los nuevos desafíos que se presentan a las sociedades modernas con sus colecciones de pequeños ensayos *Réveillons-nous!* (2022) y *Encore un moment…* (2023). En 2024 tiene lugar un auténtico acontecimiento literario: Edgar Morin encuentra el manuscrito de su novela de juventud *L'année a perdu son printemps*, que llevaba mucho tiempo perdido, lo revisa y lo publica, convirtiéndose en novelista novel a los ciento dos años. En su protagonista, Robert Mercier, se reconoce al doble autobiográfico del joven

[*] Edgar Morin, *op. cit.*, p 17.

Edgar mientras madura en lo intelectual y lo afectivo, desde la época del colegio hasta su incorporación a la Resistencia.

Testigo y actor de un siglo de historia, Edgar Morin es un pensador universal. Su obra, pasional y eminentemente personal, alerta sobre la importancia de la solidaridad y opone las virtudes de la educación a los peligros del comunitarismo y el individualismo. Entre 1946 y nuestros días, Edgar Morin ha sabido edificar una obra polimorfa y prolífica, traducida a unos cincuenta idiomas. Doctor *honoris causa* de más de cuarenta universidades de todo el mundo, Gran Cruz de la Legión de Honor, Morin es ante todo un defensor ardiente de la dignidad humana, tan brillante como humilde, que dirige al mundo una mirada despierta, perspicaz, a menudo traviesa, siempre humanista.

Impreso en Fuenlabrada, Madrid,
en el mes de octubre de 2025.